L'exemplaire est incomplet
d'un f. liminaire (un
poème de l'auteur à lui-
même) qui figure sur l'
exemplaire de la British
Library

V. 1879.
1

Inv. 1632

A MONSEIGNEVR.

MONSEIGNEVR LE MARQVIS de *Buckingham* Grand Escuier, & Grand Admiral d'Angleterre, &c.

MONSEIGNEVR,

Eluy qui offrit nagueres à voſtre Grandeur comme vne nouueauté ce que i'auois Il y a quatre ans commencé ſur la danſe, ne m'a pas cauſé tantde deſplaiſir de ſe preualoir en cela de mes peines, comme de publier vne piece qui reſſentoit encores les imperfections qui accompaignent ordinairement la premiere forme qu'on donne a quelque ouurage, Car quoy qu'il s'en diſe l'Autheur pluſieurs auquelz la verité (de mon iuſte reſſentiment) n'eſt pas incognue, n'en pourroient

veoir

voir les impertinences sans faire quelque iugement à mon des aduantage. Ce que voulant preuenir il ma semblé necessaire de ne plus differer a mettre en lumiere, non vne piece imparfaite ou nouuellement crayonnée, mais vn tout accompli, & que ie gardois il y a ia long temps en bon equipage de paroistre.

Mais comme les choses (MONSEIGNEVR) qui tienent de l'extraordinaire ont besoing de trouuer du support dans vne authorité qui ne soit pas commune : Ce liure estant de ceste Nature (au regard de son inuention) ne pouuoit veoir le iour plus heureusement que soubz l'appuy d'un Seigneur de qui les vertus sont estimées & admirées de tout le Monde.

C'est pourquoy ie me suis resolu le donnant aux yeux & iugement de tous, de le pouruoir d'une puissante protection, par l'offre que i'en fais a vostre Grandeur, asseuré que l'affection quelle a tesmoigné auoir a son subiect par la perfection quelle sen est a quise, ne la pourroit rendre que fauourable a vne ambition qui a pris pour obiect l'vtilité d'un public & laquelle ie desire passionnement (MONSEIGNEVR) estre suiuie d'une occasion ou mon affection & ma vie se portent ensemble pour marque que ie m'estime né pour mourir

De Vostre Grandeur

Le tres humble & tres obeissant seruiteur,

F. DE LAVRE

AVX CAVALIERS
ET AVX DAMES
par luy mesme.

Qvi desire seauoir les premiers Elemens,
Et le bal mesuré d'une parfaite danse:
Quil lise la Methode & les enseignemens,
Dont L'auze a bien huré l'Angleterre & la France.

Les Dames y verront parmi leurs pas diuers
L'air, L'adresse, la grace, & la graue asseurance,
Quelles doiuent cherir. Et si les Caualiers
Desirent aquerir la vraye cognoissance.

Soit de dansar par hault ou bien d'aler par bas.
La LAVZE leur fait veoir l'ordre de tous les pas,
Graues, & negligens, auec temps & mesure.

Car vray Phare pour tous il a rendu par fait
Le chemin du bien estre: Ioignant comme il a fait,
Et la Nature a l'Art, & l'Art a la Nature.

F. De Valse.

FRANCISCO DE
LAVSE IN OPVS SVVM
DE SALTATIONE.

ANAGRAMMATISMVS,

FRANCISCVS DE LAVSE,
FRANCIS LAVS & DECVS.

MOs erat in latio dum pia optata vigebat:
    Romulidas variis sæpe agitare locis.
  A rea vasta fuit, quà se exercere solebant:
    Sacráque victrici præmia ferre Manu.
Hinc qui sanguineâ superarat victor arenâ,
    Ipse suum ornabat fronde virente caput.
Tu nouus ipse pugil, læta nam fronte palestram
    Primus compositis motibus ire doces.
Ignotos reseras aditus gressúque recuruo,
    Mille & Mille doces primus inire vias.
Carpe igitur, quas nostra vouet tibi Gallia lauros:
    Vnus enim in multis præmia vera refers:
Tu FRANCIS LAVS atq; Decus tibi laurea fronti
    Emicat atque tuas Anglia cantat opes.
Vnus es in media superas qui victor arenâ:
    Dum certum reliquis ac tibi pandis iter.
Vnica pro tanto fuit vt certamine palma,
    Sic soli Authori nunc tibi palma manet.

A. R.

A LVY MESME.

La cour se va mouuent aux regles de ta danse,
L'Amour du hault des Cieux t'es leue des autelz,
Et Venus animee, au son de ta cadence,
Te prepare un palais au rang des immortelz.

I. F.

Aduertissement.

LECTEVR, encore que ie croye ce que les doctes m'ont apris, *que tout bien est communicable*, & que l'experience face voir que l'on a de tout temps hay la memoire de ceux qui ont emporté les aduantages qu'ils auoient eu du Ciel dans leur tombeau, si est-ce que ce mien trauail, (dont ie recognois le suiect meriter vne meilleure plume que la mienne) n'eust de ma vie sorty des tenebres où ie l'auois confiné, si le trait d'vne ame trop ambitieuse forçant mon silence, ne m'eust obligé de faire iour aux imperfections de mon esprit & de mon stile, pour rappeller ma reputation que mes amis trouuoient engagee dans vne iniure insuportable.

Sçache donc qu'il y a trois ans que fraischement arriué en Angleterre ie communiquay au sieur Montagut le dessain que i'auois de faire quelque chose sur la danse, & luy laissant vne coppie de ce que i'en auois desia trassé, le priay de la considerer & me conseiller en amy s'il seroit à propos que ie passasse outre: Il ne l'eut pas si tost veuë que loüant infiniment ma premiere resolution il me tentoit par mille flateuses paro-

A

ADVERTISSEMENT.

les a la poursuitte de cest œuure, dont il protestoit souhaitter l'accomplissement auec impatience, & qui seroit indubitablement (disoit-il) bien veu de tout le monde, me faisant deslors sentir que ses persuasions ne tendoient qu'à son aduantage, & que la vanité se promettoit cela de ma franchise que ie luy cederois aisement tout l'honneur qui se pourroit tirer de mes peines.

 Quelques mois apres luy disant que i'y auois mis la derniere main, & mesme luy faisant voir vn discours que i'y auois adiousté en faueur de mon subiect, il n'oublia pas vn de ses artifices pour tirer de moy & faire imprimer en son nom ce que ie n'auois pas assez d'asseurance de donner au public; Mais ses prieres, ses promesses & toutes ses importunitez demeurans nulles, il rechercha d'autres moyens que ie tais, & desquels ceux qui les sçauent ne peuuent parler qu'à sa confusion. En fin la longueur du temps non plus que la raison n'ayant peu matter ceste ambition qu'il auoit de triompher du merite d'vn autre, il fist dernierement transcrire sans aucune alteration, la coppie qu'il tenoit de moy & la feit grossir d'vn certain discours qu'il intitule *Loüange de la Danse*, & dont l'Autheur a vne entiere obligation à Agrippa en ses Paradoxes de l'incertitude & abus des Sciences.

 En cest aueuglement il a presenté comme sienne ceste rare piece de rapport, à Monseigneur le Marquis de Buckingham, donnant par là subject à toute la Cour, (qui cognoist la fourbe) de s'entretenir pour vn temps sur ceste gentille inuention de gloire, & à moy qui suis interessé de te marquer icy en suitte des ressentimens que ie doibs à ceste iniure, la honte que merite celuy à qui il a fié son affaire: Car i'aduoüe franchement qu'il a trop de suffisance en sa profession, & n'ay pas son esprit en si mauuaise estime pour m'imaginer qu'il se soit peu luy mesme embarasser dans de si lourdes impertinences, que celles qui se voyent en la confrontation de son liure & du mien, & desquelles son second ne se sçauroit excuser, qui me pardonnera si ie dis, qu'il a esté en cela peu fidelle ou peu iudicieux.

Car de s'obliger de traicter de la Methode pour les Dames, & n'en rien dire du tout: Promettre d'enseigner en son lieu deux ou trois sortes de reuerences, & de cela nulles nouuelles, ne parler que des trois premiers branfles fort legerement & renuoyer à vn discours plus ample qui s'en fait auec les autres, à vne inuisible Methode pour les Dames: donner en fin à vne piece imparfaicte, le tiltre de ce qu'il faut obseruer à la Danse pour en acquerir la perfection, sans les autres absurditez que pour n'estre ennuyeux ie laisse à remarquer à ceux qui en voudront prendre la peine, sont des apparences visibles que le Sieur Montagut a esté mal serui pour son argent, lequel ne deuoit iamais pour son honneur auoir tant de creance à ce qui sortoit des mains de ce Copiste, que d'en mespriser la veuë, pour en effacer au moins ce qui pourroit asseurer le soubçon qu'il sçauoit bien deuoir naistre de ceste sienne charité enuers moy: Mais son genie luy en a joüé d'vne ce coup là, permettant à sa vanité de trahir son iugement.

A ij

PREFACE.

IE m'amusois vn iour à considerer d'où procedoit le malheur de plusieurs qui escriuent, que ceux en faueur de qui ils ont employé vne bonne partie de leur vie, ne payent ordinairement tant de sueurs & de veilles que de mocquerie & d'ingratitude, & apres auoir pezé les raisons que ie croyois la cause de ceste iniurieuse mescognoissance; ie n'en trouuay point de plus forte que ceste naturelle dispatie qui a de tout téps tyrannisé les humeurs des hommes, & qui a donné credit à ce vieil dire, *autant d'aduis que de testes*. On me dira qu'il n'apartient pas à tout le monde de faire des liures, qu'il ne faut pas mettre au iour ses fantasies mal à propos, & qu'auant que les coucher à la presse il les faut esprouuer, & sans effronterie sonder si on aura autant d'asseurance que le papier : en fin que ceux qui postposent toute autre consideration à celle de se faire cognoistre ce n'est pas merueilles s'ils sont cogneus à leur desaduantage, & si la bonne opinion qu'on auoit de leur esprit s'est alterée quand on l'a veu marqué d'ancre.

Ie ne mets point toutes ces choses en debat elles

sont sans replique, & ne suis pas de ceux qui sacrifie-roient à l'impertinence, mais de n'espargner pas mes-mes tant de braues gens qui ont si long temps & si heu-reusement conuersé sur ceste montaigne tant renom-mée du Dieu des sciences, & qui ont si dignement trai-té ce qu'ils ont entrepris, que me peut-on respondre, sinon que comme chasque chose tend à son centre, de mesme nostre inclination par le mal-heur auquel nous engagea la desobeissance premiere se porte naturelle-ment au mal, comme à son obiect plus souhaitable, où elle se lie si estroitement que nous ne l'en pouuons separer que par violence, ie veux dire par vne soigneu-se estude de la vertu qui pressupose tousiours du con-traste.

Mais d'autant que la deprauation de nostre nature nous fait trouuer ce combat trop penible, il est extra-ordinaire de voir quelqu'vn qui ne se laisse emporter à l'influence de son astre, ce que n'ignorant pas, ce se-roit perdre la cognoissance de moy mesme, de m'ima-giner pouuoir estre plus heureux qu'vne infinité de beaux esprits, qui ont esté mis au monde pour y estre admirez de mes semblables, & qui pourtant ne se sont peu affranchir de l'agitation de tant de vents con-traires.

Ie sçay donc bien que ceste mienne entreprise don-nera pour vn temps de l'entretien aux partisans d'Ari-starque, & ne suis pas en doubte qu'elle n'apporte quand & soy de l'estonnement à tout ceux qui me co-gnoissent, quand ils verront vn effect bien different de celuy qu'ils deuroient attendre de ma nourriture &

du premier train de ma vie, mais ceux la cognoiſtront par le peu de crainte que ie teſmoigne auoir de la caiolerie, que i'ay preferé au meſpris & à la meſdiſance de quelques vns, l'enuie de proffiter à tous, & ie ſupplie les autres de conſiderer, que ce n'eſt pas vn vice de nous ſeruir d'vn honneſte aduantage lors que la fortune ou l'infortune nous y oblige.

Il eſt vray, ce n'eſt pas mon meſtier que la danſe, ny certes ma reſolution de mourir en l'exerçant, mais en vn temps & en vn pays où ie me trouue engagé de mettre en pratique ce que pouſſé de mon inclination i'auois autre fois appris pour mon contentement particulier, & par maniere d'exercice, c'eſt ma gloire de m'en pouuoir aquitter ſciemment, & contenter enſemble ceux qui m'imitent, & ceſt eſſay me ſeruira de garand que la vanité ne me donne point ces paroles, car quiconque entrera en quelque experience de ſon vtilité, il n'y rencontrera que des actions, ou la bien ſeance ſe remarquera touſiours, comme en ſon element plus neceſſaire.

Que ſi quelque eſprit de contradiction, (comme il eſt preſque impoſſible autrement pour les raiſons que i'ay dictes) ſe iette icy à la trauerſe, & blaſonne ce que i'eſcris, ie me conſole en ce qu'il ne le peut faire qu'au deſaduantage des plus renommez de la profeſſion, qui pratiquent ceſte Methode, & auſquels ie fais vn ſacrifice volontaire de ma peine, & du deſir extreme que i'ay, que la danſe poſſedant l'honneur qu'elle merite, fut autant eſtimée comme elle eſt eſtimable: Ce qui ſemble ne pouuoir iamais eſtre qu'au prealable on ne l'aye tirée de dessous les pieds de l'ignorance, qui la gehenne & la contrainct à des postures indignes d'estre veuës, bien moins d'estre imitées.

C'est pourquoy si i'estois creu, on obserueroit desormais ceste regle, que nul ne pourroit auoir liberté de monstrer soit en public ou en particulier sans le certificat de quelques vns qui seroient choisis à cest effect, deuant lesquels il seroit obligé de rendre des preuues de la iustesse de ses actions, ensemble de sa suffisance, ou si incapable renuoyé a l'escole, procedure qui donneroit sans doubte vne loüable enuie à plusieurs d'employer heureusement leur temps, & à d'autres de corriger les deffauts où leur aueuglement (causé de trop de licence) les a entretenus iusques icy. Voila franchement mon opinion, laquelle si elle n'est pas suiuie, il ne s'ensuit pas qu'elle ne le deust estre, bien asseuré qu'on ne me peut accuser en cela que de trop d'affection, qui sera peut-estre vn iour secondée de quelque autre moins malheureuse & plus authorisee.

C'est à vous Messieurs qui y auez de l'interest, de donner desormais vn meilleur ordre à la duree de vostre reputation que le tacite consentement, qu'il semble que vous donnez aux abus (par vostre souffrance) va portant dans le mesme tombeau ou la negligence de nos deuanciers a mis l'origine des Danses, dont la recherche seroit inutile : car nostre malheur est tel que nous n'en auons quasi rien de certain. Ce que i'en ay peu apprendre se voit chez *Scaliger*, qui asseure y auoir autre fois eu quatre sortes de Danses, vne fort graue appellée *Emelie*, vne gaye dicte *Cordax*, vne autre

qui

qui mesloit à la gayeté quelque graue contenance & se nommoit *Siccenix*, la derniere s'appelloit *Perrichie* ou danse armee ainsi dicte d'vn certain *Pirrhu* qui en fut l'inuenteur, & ces danses ont depuis esté comparees aux modernes par *Arena* Prouençal, sçauoir l'*Emelie*, aux Pauanes & Bassedases tāt reguliere qu'irreguliere, le *Cordax*, aux Gaillardes, Tordions & Voltes, le *Siccenix* aux Bransles, la *Perrichie* aux Bouffons & Matassins, & c'est ceste cy que les Saliens instituez par *Numa* dansoient au nombre de douze aux festes Sacrees de Bellonne.

 Il faut au surplus remarquer que de tout temps en chasque contree ou Prouince on a eu yne danse affectee, comme les Anglois les mesures & contredanses, les Escossois les Bransles d'Escosse, les Alemans l'Alemande, les Normans les Bransles de village, les Bretons le Triory ou Passepied, les Bransles de Poitou viennent des Poiteuins, & la Volte de Prouence, des Italiens la Gaillarde ou Romanesque, des Espagnols la Sarabande & Pauane, des Mores les Morisques, à Paris & plusieurs autres lieux de la France, nous auons la diuersité des Bransles & Courantes tant à figures que simples auec partie des susdites danses. Quant aux Canaries elles y sont aussi fort en vsage, mais leur origine est incertaine, les vns disent qu'aux Isles de ce nom là ceste danse est ordinaire, mais i'ayme mieux ceste opinion, que comme plusieurs de nos airs de Courante ont esté tirez de quelques Balets, les Canaries viennent aussi d'vn Balet où les Danseurs representoient les Roys & Reynes de Mauritanie desguisez en

B

Sauuages couuerts de plumages de diuerses couleurs. Si quelqu'vn en desire sçauoir dauantage Arbeau m'a promis de se seruir de son Orchesographie pour me soulager de ceste peine là les curieux trouueront quelque chose digne de leur enuie où ie les lairay aller pour venir où mon dessein m'appelle.

APOLOGIE
DE LA DANSE.

'A Y balancé long-temps si ie lairrois eschapper de mes mains ce traicté, pour l'incertitude de la reüssie de ma peine, attendu la qualité du sujet dont ie parle, & la diuersité de tant d'esprits qui choquent ordinairement ce qui n'est pas de leur humeur, dont les vns croyront (peut estre) que ie veux authoriser vn Paradoxe, les autres que i'entreprends d'adiouster des appas & des attraicts au vice, parmy des ames qui y ont desia assez d'inclination naturelle, qu'vne longue habitude leur a fortifiée, & que les occasions ordinaires & les mauuais exemples resueilleroient si elle estoit endormie.

Mais les premiers seront aisément satisfaits s'ils se donnent la patience de voir surquoy ie me fonde, & pour ne les enuyer, ie ne les entretiendray point des fables de la Poësie, ie n'appelleray point à tesmoin vn *Arion* qui au son de sa voix & de sa lire fist iadis danser ce Dauphin qui le deliura du naufrage, ny cest Orphée qui trouuoit en toutes choses vne si grande disposition

B ij

à la danse, que les inanimées mesmes se ioignoyent au bal, animées des charmes de sa lire: & ne tireray point ma consequence de l'ordre qu'on donne à la nature de ceste admirable proportiõ des causes, ny de ceste Symmetrie, par laquelle les Cieux, les Elemens, & tant de choses de soy contraires & disioinctes, sont par vn accord discordant, & cadence miraculeuse vnies & conseruées en cest assemblage & continuité de l'Vniuers, auquel les Stoïciens (rauis de tant de merueilles) ont donné vn corps & vne ame, l'estimant estre vn anmal de nature immortelle, ie lairray ceste matiere pour l'exercice de quelque Poëte, & les prieray de considerer auec moy, que les plus remarquables personnages de toute l'antiquité, ie dis & sacrez & profanes, ont honoré la danse, & de voix & de pratique. Ceux là me fourniroyent vne multitude d'exemples, si la reuerence que ie porte au liure de Dieu, me permettoit le meslange des choses sainctes à celles qui ne le sont pas, joint aussi que ie m'engagerois d'expliquer le sens des Escritures, pour faire voir le suiect qui obligeoit tant de sainctes ames à la danse, ce qui contrarie à la briefueté que ie me suis proposée, vn autre dira à ma capacité, ie l'aduouë: Mais si est-ce qu'il n'y a rien de plus palpable que les plus authorisez parmy le peuple de Dieu (poussez d'vne saincte allegresse) ont dansé, & que depuis en la primitiue Eglise, la coustume long-temps continuée a esté, qu'on obseruoit des cadences & des pas mesurez au son de certains motetz qu'on y chantoit. Que si on me dit la dessus que la difference du danser de ce anciennes Eglises, à celuy de nos bals &

DE LA DANSE.

de nos assemblées (qu'on feint autant de tendez vous en faueur de l'entretien du vice,) aneantir l'authorité que ie recherche en vne coustume, dans le retranchement de laquelle se voit enseuelie toute la consequence que i'en pourrois tirer, si ne me peut on nier toutes fois que ces vieilles façons de faire & la souffrance de nos anciés Orthodoxes n'authorisent assez que la danse en soy ne peut estre blasmable, & c'est ce que ie demande.

Qu'ils viennent donc auec moy chez les Profanes, & ie leur fairay cognoistre qu'vn Socrates (à qui ce fameux oracle d'Apollon donna la qualité de tressage) a prit à danser d'Aspasia, & que son disciple le diuin Platon conseille de ne pas employer moins de temps, & de solicitude aux exercices du corps qu'à ceux de l'ame: il ne veut pas qu'on les esleue l'vn sans l'autre: mais qu'on les conduise esgallement comme vne couple de Cheuaux attelez à mesme timon, & entre les diuertissemens qu'il a donnez à l'ame, tant s'en faut qu'il aye oublié la danse, qu'il ordonne mesmes aux vieillards d'y assister, non pour imiter la ieunesse: mais pour se resiouyr en autruy & rappeller à leur souuenance la grace & feruear de leur aage verdissant, C'est merueille combien il est soigneux en ses loix de leurs courses, ieux & danses, desquelles il dit que l'ancienneté a donné la conduicte & patronnage aux Dieux mesmes, bien contraire en cela, à la pluspart de nos Pedans, lesquels (comme s'ils auoyent conspiré contre la gentillesse du corps) souffrent seulement à leurs Escoliers certains exercices qui ne les peuuent entretenir que dans l'ineptie, pres-

APOLOGIE

que inséparable de ceux qui suyuent le train de leur institution, & leur deffendent la pratique d'autres qui les façonneroyent & les rendroit dignes d'vne ciuile conuersation, de laquelle vne si impertinente police les bannit ou les y fait receuoir comme des buses pour seruir de suject à la raillerie. Mais on a beau dire, ces Messieurs n'altereront pas pour cela la nature de leurs Colleges, & ne souscriront iamais que la science de l'antregent soit necessaire à la ieunesse, on ne leur ostera point cest erreur, que les exercices qui seruent le plus à ceste science ne soient autant d'allechemens à la desbauche, leur ignorance est en cela fatalement affectee. Or d'autant qu'il n'y a rien à gaigner auec des gens, qui ne se peuuent separer de la passion mauuaise conseillere en toutes choses, & d'ailleurs que ie ne voudrois pas m'esloigner de mon subiect par vne discretion trop estenduë, retournant à ceux à qui ie parlois premierement ie les prieray de me suiure, pour leur faire voir que ie puis adiouster à l'authorité de Socrates & de Platon celle de plusieurs claires lumieres de l'antiquité payenne. Homere leur dira en ma faueur que les assemblées & les festins font vn corps qui ne peut estre animé que de la danse. Ie leur monstreray dans Plutarque qu'vn Damonidas l'a mise au rang des choses plus recommandables, & qu'Epaminondas s'en seruoit industrieusement au choc d'vne bataille, & s'y exerçoit encores parmy les dames de sa cité, n'estimant pas que ce fut chose qui derogeast à l'honneur de ses victoires ny à la reformation de sa vie. Ils verront en Xenophon qu'on honnora de dases & mascarades à l'arriuee des Capitaines de Cyrus: & en Macrobe que les enfans des Senateurs de Rome au sortir des escoles aloient apprendre à danser.

Ie ioindrois à ceux cy vne infinité d'autres & aux anciens les modernes, si ceux qui ne se lairront pas dessiller les yeux à la veuë de ces soleils ne deuoient par consequant mespriser toute autre lumiere. Qu'vn plus opiniastre que moy s'essaye de les persuader, ie ne perdray pas ainsi & mon temps & ma peine, ny ne m'amuseray encores à redire ce qu'*Atheneus*, *Celius*, *Scaliger*, *Lucian*, *Iulius Polux*, & tant d'autres ont assez amplement escript, qui tous demeurent d'accord que la danse outre qu'elle est grandement necessaire à la conseruation de la santé, n'est pas moins agreable aux vieux, que conuenable aux ieunes, & bien seante à quiconque se voudra tenir au dedans de la modestie. C'est vne eloquence muete que Roscius fit iadis aduouer bien plus forte & plus persuasiue que celle de Ciceron, à qui le despit d'auoir esté condamné par les arbitres augmenta de beaucoup la douleur que luy causoient les vlceres de ses iambes.

Voila la satisfaction où ie me suis insensiblement engagé pour le contentement de ceux que ie disois au commencement de ce discours me vouloir peut-estre soubçonner de quelque extrauagance qui cederont sans doubte à la force de la raison, de l'authorité & de l'experience.

Pour les autres dont ie parlois en suitte, ie proteste que leurs considerations, (quoy que plus desaduantageuses) sont trop legeres pour me faire perdre l'enuie

APOLOGIE

de m'aquiter de ce que ie pense deuoir au bien d'vne noblesse bien née, qui sçait comme moy qu'on ne manque point de rencontrer des esprits qui choisiront pluſtoſt l'eſcart de quelques ſiniſtres opinions, que le grand chemin d'vne verité toute battuë? Ie sçay bien qu'ils ſe mocqueront des authoritez dont ie m'appuie, mais ie sçay bien auſſi que ce sera le renuier par deſſus Epimenides qui dreſſa des autels à l'impudenſe, quoy qu'ils dient, ils ne m'empecheront point de ſuiure mon deſſein, & me ſoucie fort peu d'eſtre en butte de leur mediſance.

Ie n'entre pas auſſi en debat auec certains perſonnages mal taillez & difformes qui ne peuuent cacher les deffauts qu'ils ont de la nature qu'en la ruine de la bien ſeance, non plus qu'auec ceux qui comme des Timons ſe ſont retirez de la ſocieté des hommes, pour viure gras & ingrats, & donner la chaſſe aux Chimeres: l'enuie pouſſe ceux-là au meſpris de la danſe, pour n'auoir pas le corps diſposé à receuoir les graces qui ne peuuent eſtre en leur perfection ſans elle, & ie recuſe ceux cy pource qu'ils ſont obligez de controoller (au moins en apparence) ce qui contrarie à leur proffeſſion, ioint qu'vne nouuelle façon de viure leur alterant ordinairement le cerueau & en ſuitte la raiſon, leur empeſche de voir le deſreglement de leurs opinions.

C'eſt au iugement d'arbitres non preocupez de faueur que ie m'adreſſe, qui adoüeront ie m'aſſeure que tant s'en faut que la danſe aye en ſoy rien de blamable, qu'au contraire la bien-ſeance luy eſt vn accidant inſeparable. Que ſi les anciens l'ont honnoree & miſe

DE LA DANSE.

mife en vfage, n'ayant que l'ombre & la figure de la perfection que nous poffedons à ceft heure, qu'elle apparence qu'eftant plus noble elle foit moins recherchee.

Seneque dict, que fi la nature nous a donné l'eftre nous fommes redeuables à l'eftude de la vertu du bien eftre, & i'ofe fans rougir encherir là deffus que le feul exercice de la danfe peut non feulement arracher les mauuaifes actions qu'vne negligente nourriture auroit enracinee, mais donner encore vn maintien & vne grace que nous difons entregent, & que ie peux appeller proprement *le bel eftre*, chofe tout à faict neceffaire à quiconque veut rendre fon port & fon abort agreable dans le monde.

De façon qu'en l'ordre des chofes fe trouuent deux degrez (la Philofophie & la Danfe) qui peuuent monter vn homme à fa perfection. Voici toutesfois leur difference; c'eft que le premier fe peut communiquer à tous ceux qui ont de la raifon fans efgard à la forme du corps, & c'eft à quoy le dernier vife principalement, en fin chacun eft capable de ce dont les Philofophes fe ventent, & vn Canibale, mefme le plus groffier & d'efprit & de mains fe peut acquerir la cognoiffance de tous les arts liberaux & mecaniques, voire y peut exceller s'il y met & la peine & l'enuie, mais la danfe a cela de particulier, que quiconque a le corps mal faict eft incapable des graces qui l'accompagnent, il faut auoir vne matiere propre pour receuoir vne fi digne forme.

Que s'il y en a parmi ceux qui font redeuables au

C

ciel de ce bon heur qui se laissent porter au mespris d'vne chose qui peut empescher le mespris en bonne compagnie, ie les prie de considerer le traict d'vn de nos derniers Roys qui faisoit quelquefois admirer ses perfections dans vn bal auec autant d'auantage sur ses Courtisans, comme il surpassoit en iugement & en langue les mieux sensez & les plus eloquens de son Royaume, luy blasmant vn gentilhomme (au reste fort accompli) de n'auoir pas apris à danser, & luy demandant ce qu'il sçauoit faire, ie sçay bien, SIRE, dict-il, donner en guerre vn coup de lance pour le seruice de vostre Majesté: Ie vous conseille donc (repliqua ce braue Prince) de vous armer d'vn froc en temps de paix, comme s'il eust voulu dire que les fureurs de la guerre cessées vn Caualier ne pouuoit s'occuper à vn plus noble exercice que celuy qui luy donne vne grande entree en la cognoissance de sa Cour & de son monde.

Mais que sert il de tant discourir en faueur d'vne chose que l'exemple des siecles passez, & les effects qu'elle produit au nostre rendent assez recommandable? pourquoy tant d'ennemis contre ce qui est si necessaire, & dequoy Messieurs nos Maistres ne me peuuent prouuer la censure dans les sainctes lettres, ouy bien dás quelques legeres apparéces qu'ils mettent en consideration, nous ne blasmons pas la Danse, disent-ils, pour ses pas & ses mesures, autrement la voix & la Musique courroient la mesme fortune, mais parce qu'elle oblige *les Venus* à se parer plus ambitieusement, desquelles il faut fuir la hantise, d'autant que l'imagination prend feu (aussi soudain que le Naphthe) si on s'arreste tant soit peu en la contemplation d'vn obiect amoureux, qu'elle est en fin tousiours suiuie de mil mauuais desirs de vanité & de concupiscence, & ces desirs de scandales qui produisent souuent de grands malheurs.

Ie m'estonne de ces gens qui font deux sortes de scandale *(le pris & le donné,)* & en condamnent l'obiect sans distinction : i'auouë que l'on doit prendre garde à l'vn, car ie n'approuue point ce qui est impudique, mais qui se peut empescher de l'autre, puis que l'ennemi des hommes se seruira des plus innocentes franchises pour trahir les ames susceptibles de ses tentations; certes l'intention est le plus veritable iuge de nos actions, si elle n'est point alteree, peche qui voudra, il est luy mesme autheur de son offence.

Mais ie ne veux pas entrer si auant en vne matiere esloignee de mon gibier & de mon dessein, ie diray toutesfois en passant, que ceux qui en font profession employeroient plus heureusement leur plume & leur loisir à decider tant de controuerses qui tyrannisent les consciences, & dont les doutes causent vne indubitable perdition à vne infinité d'ames malheureusement forcees d'en aller demander la solution à Radamanthe, leur peine en cela seroit autant loüable, comme en ceci les iugemens biens sains la trouuent inutile.

L'authorité desquels seconde mon entreprise que ie poursuis auec d'autant plus de resolution que ie la sçay appuyee de la conformité de nos loix, & qu'elle a pour subiect vn bien tres-necessaire aux Caualiers, & aux Dames qui veulent anoblir les charmes qu'ils ont des-

C ij

ia de la Nature, des actions & des graces qu'elle ne leur a peu donner, lesquels loüeront, ie me vante mon affection, lors que l'experience leur aura tesmoigné les effects de la methode dont ie traicte: & que ceux qui se peuuent à bon droict donner la gloire d'auoir porté la Danse parmi les choses accomplies pratiquent auiourd'huy.

Ie dis ceux: pource que ie ne puis donner ma voix à l'inconsideration de plusieurs, qui poussez de quelque affection particuliere, ou forcez, peut estre, de cest instinct qui nous faict ordinairement fauoriser vne chose plus que l'autre, & bien souuent trouuer chois en deux pareils subiects, attribuent c'est aduantage à vn seul; car si l'on iuge que tant de personnes qu'on sçait auoir attaint la perfection de bien danser, ont apris en diuers lieux & soubs differents Maistres, & qu'eux mesmes par leur exercice & iugement y ont apporté quelque chose du leur, on sçaura que i'ay raison de dire qu'vn seul n'a pas inuenté tout ce qui est auiourd'huy receu estre bien faict: mais que plusieurs, qui plus, qui moins y ont contribué leur industrie, & que par consequent il est tres-raisonnable que tout plain de braues gens qui honnorent ceste profession participent à ceste loüange, sinon à pareil degré d'honneur que les premiers, au moins à mesure que chacun a de la vertu, ce qui sera d'autant plus equitable qu'ils ont acquis dequoy se faire imiter & se distinguer d'auec ceux qu'on sçait profaner le mestier.

Icy il importe que ie gauchisse encores vn peu mon chemin, pour faire veoir que cest abus est suiui d'vn autre bien plus insupportable : C'est que comme en toutes sortes de sciences il se rencontre des personnes qui pour y estre montees seulement par la fenestre, n'esperent rien moins que les mesmes priuileges de ceux qui en ont recherché l'entree par les voyes legitimes, l'on voit de mesmes en celle cy vn tas de Maistres dont les vns s'imaginent que pour rendre leurs imperfectiós inuisibles, c'est assez de se mettre à couuert soubs les aisles de ceste belle qualité, qu'ils font le sejour de leur reputation, aussi plaisant que celuy qui couuroit son Asne de la peau du Lyon, croyant luy faire changer de nature.

 Les autres sont si fort esclaues de la vanité qu'ils font gloire de professer l'ignorance, mais auec telle superstition qu'ils condamnent souuent ce qu'ils n'entendent pas, & lors qu'on choque leurs vieilles maximes, & les actions corrompuës & abastardies dont ils se seruent, estiment qu'il suffit d'appeller à garand l'authorité des Maistres soubs lesquels ils ont faict leur apprentissage, & par là meriter assez pour manger la moüelle de la renommee, sans considerer qu'ils n'ont pas les dents à l'espreuue pour en ronger les os, & ainsi la sottise ne manque iamais de proye ny d'exercice.

 Or s'il y en a quelques vns parmi ceux-cy qui n'ayét pas du tout oublié par l'vsage des pas celuy de la raison, ie les coniure de faire vne petite reflection sur eux mesmes, & de donner quelques heures de leur loisir à la cognoissance non affectee de ce qu'ils sont capables ou incapabls, afin que la prattique d'vn estude si profitable, ils anoblissent ce qu'ils peuuent desia, corrigent leurs deffauts, & acquierent en fin les perfections qui rendent à bon droict imitables ceux qui les possedent, lesquelles (s'ils ne les recherchent ailleurs que dans la presomption) on trouueroit aussi tost en eux, qu'en la Sphere le rencontre de deux paralleles.

Quand à ceux qui n'ont l'esprit qu'au bout des pieds, ils ne peuuent pas auoir les considerations releuees iusques où ie les voudrois, pour leur faire trouuer quelque goust en ces aduis, ils sont trop ahurtez à la bonne opinion qu'ils ont d'eux mesmes, qu'ils s'y tiennent donc tant qu'il leur plaira, & qu'ils exercent à souhait leur iugement terre à terre, ie ne leur enuieray iamais la gloire qu'ils en rapporteront, il suffit que i'aye rendu ce tesmoignage du ressentiment qu'vne consideration publique me donne de ce qu'ils sont tels, & du contentement que i'aurois pour la mesme raison qu'ils fussent dignes d'vne recommandation veritable.

Que si ie ne m'arreste point à particulariser tant de mauuaises actions, qui feroient peut estre remarquer les personnes où elles sont, (comme certains accidents en leurs sublects) inseparablement conioinctes, qu'on sçache que ie suis en cela poussé de courtoisie, & de mon inclination ennemie iuree de la mesdisance, & non d'aucune crainte que i'aye, ny des effects ny des paroles des gens qui ne me pourroient rien faire que pitié. D'ailleurs si ie m'enfonçois en ceste matiere, i'abuserois trop long temps de la patience du monde, & engagerois inutilement ma peine à la guerison d'vn mal qui paroist sans remede, & en fin ce qui me touche le plus, seroit abandonner de trop loing mon subiet qui me rappelle & veut que ie le concluë.

Ce que ie feray auec cest estonnement dont mon ame a souuent esté surprise. Pourquoy tant de sciéces, ie ne diray pas seulement inutiles, mais dommageables ont eu la vogue parmi le monde, & que celle cy qui meine quand & soy les graces a tant esté disgratiee que pas vn de ceux qui en font profession, n'a laissé à la memoire le moyen qu'il falloit obseruer en sa pratique: Certes si l'on considere en cela la negligence des siecles passez, on les trouuera en quelque façon excusables eu esgard à leur insuffisance, mais au nostre où la Danse se peut venter du dernier poinct de sa perfection. N'est-ce pas vne honte que nous voulions enseuelir la gloire qu'il merite de l'y auoir amence, & priuer la posterité d'vn bien qui nous donne vn si grand auantage sur les anciens: car comme toutes choses par vne vicissitude & reuolution presque ineuitable retournent à leur commencement, qui doute que cest exercice s'alterant auec le temps ne r'entre bien tost au neant dont nous l'auons tiré, s'il ne rencontre quelque plume charitable qui luy entretienne la vie malgré l'enuie.

Mais le moyen, me dira quelqu'vn d'exprimer par escrit ce dont l'intelligence gist au voir faire ? Comme si l'on n'auoit iamais escrit de choses plus difficiles à comprendre? Vn Philosophe me dit vn iour, que cóme les paroles estoiét les marques des cóceptiós de nostre ame, les escrits estoient aussi les images des paroles, que des choses s'enfantoiét les paroles pour les communiquer aux presens, & des paroles les escrits, mais en consideration des absens & de nos posterieurs, ce qui n'est pas l'office des paroles, il m'apprit encores par des exemples & des raisons si palpables, qu'vn homme auec du sens commun n'en peut douter, que lors que l'intellect a bien compris la cognoissance des choses qui luy arriue par l'entremise des sens, il la peut heureusement esclarcir par le moyen de l'vn ou l'autre de ces deux instruments dont ie viens de parler, cela m'a tellement fortifié en l'opinion que i'en auois desia par experience, que i'ose maintenir, que quiconque a l'imagination pleine de quelque science, il se peut faire entendre ou de voix ou d'escrit, sinon à tous, pour le moins à ceux de sa profession. I'aouë bien que la danse a quelque chose de particulier qui l'annoblit & l'anime, comme vn certain air, ou vn maintien tantost graue, & tantost negligent qu'vne plume ne peut apprendre, mais qu'outre les pas on ne puisse encores enseigner les actions plus necessaires, qui donnent vn facile acheminement à ceste perfection, qui consiste à voir faire vn bon Maistre, sont des impossibilitez que ie feray voir imaginaires en ce traicté, duquel non seulement plusieurs qui se meslent d'enseigner, mais les Escoliers mesme peuuent tirer vn grand soulagement.

METHODE

METHODE POVR LES CAVALIERS.

Evx qui croyent l'obseruation de plusieurs figures du tout necessaires pour bié monstrer à danser par liure, & representer plus naïuemét les mouuemens qui se doiuent obseruer à la danse, ne s'accordent pas mal auec cest Orateur, qui ayant iadis à haranguer en plain Senat sur vn faict tresattroce, commit ceste lourde faute d'en proposer vn tableau deuant les yeux des Iuges, se fiant plus aux traits muets d'vne morte peinture qu'à l'energie d'vne eloquence viue. Ie laisse aux partisans de ce digne Orateur, (qui auront quelque dessein de s'opposer à la ruyne de cest exercice) l'vsage de telles inuentions, il me suffit que ma plume les face voir inutiles au subiect que i'ay pris, & dont il est temps que ie parle. Mais à cause qu'il y a de la difference entre les pas & les actions d'vn Caualier, & ce qu'il faut qu'vne Dame face: & aussi qu'il y auroit de la confusion d'instruire l'vn &

D

l'autre enſemble, il m'a ſemblé bon de commencer par le Caualier, auquel ie conſeillerois volontiers qu'il n'attendit pas à vn aage trop aduancé, pource qu'eſtant alors moins maniable, il aura plus de difficulté à s'aquerir la perfection qui luy ſeroit aiſee à vn temps plus commode; ce bon-heur neaumoins ſe peut recouurer par vne peine volontaire, qu'vn enfant manque de diſcretion ne peut auoir, toutesfois pource qu'il y a de certaines actions plaines de graces, qu'il eſt impoſſible d'eſcrire, (comme il me ſouuient d'auoir dit en quelque lieu) qu'il ſe garde bien de ſe mettre entre les mains d'vn ignorant, ny meſme s'il eſt poſſible, de celuy qui outre l'excellence de ſa methode, ne ſçache encore executer ce qui eſt par deſſus la voix & l'eſcriture: car l'vn ne pourra iuger d'vne belle actiõ ne la cognoiſſant pas, moins encore la remettre en ſon entier ſi elle eſt corrompuë, & quelque habile homme que ſoit l'autre, il ſe tourmenteroit en vain ſur l'intelligence d'vne choſe qui conſiſte plus en vſage qu'en artifice; ſi mes actions doiuent prendre loy de celles de mon Maiſtre, & qu'il ne ſçache effectuer ce qu'il veut que ie face, i'aymerois autant qu'on me fit iouër le perſonnage d'vne Idole; c'eſt vne maxime trop aueree, qu'en cecy la Pratique & la Theorie doiuent eſtre deux accidens inſeparables.

DES PRINCIPES DE LA DANSE.

CEluy donc qui aura ces qualitez & qui fera profession de les communiquer, doit premierement apprendre à cheminer à son escolier, car quelque gentillesse qu'il ait naturellement, il ne le peut auec la iustesse requise, soit pour l'action de la veuë, port de la iambe, ou grauité des demarches, qui se doiuent faire en droite ligne, sans plier le genoüil, la pointe des pieds ouuerte en sorte que les mouuemens francs de toute timidité procedent de la hanche.

Ceste façon de cheminer toute graue & noble, luy apportera auec vne grande facilité à la danse, vn maintien plus asseuré pour aborder, ou receuoir de bonne grace quelque compagnie, ce que luy estant impossible de soy qu'on luy face pratiquer l'instruction que i'en donne.

DE LA REVERENCE.

APres auoir tiré le chapeau de la main droite qu'il portera negligemment, (non sur la cuisse comme on souloit faire, ains) deuant le busque du pourpoint sur la main gauche pour laisser l'autre libre, regardant d'vn visage riant la compagnie, qu'il s'aduance, mais auec des demarches graues &

Il faut faire vne reuerence Tirer le chapeau auec la main droite & le porter deuant le busque sur la Main gauche.

sans contrainte, & lors que sa discretion luy fera iuger le temps de faire la reuerance, sans plier les genoux, qu'il coule doucement la iambe droite deuant iusque à ce qu'elle touche quasi la gauche, & sans s'arrester que bien peu la dessus, la pointe des pieds fort ouuertes en pliant doucement l'vne & l'autre, il desgagera comme insensiblement la gauche, & continuera ainsi iusqu'à ce qu'il ait ioint ceux qui l'y obligent, que s'il se trouuoit, comme il est ordinaire, plusieurs compagnies en vn mesme lieu, il fera ces mesmes reuerences sur l'vn & sur l'autre pied, selon que les personnes seront placees, toutesfois sans aucun geste ou posture du corps: car en cela la seule conduite de la veuë est suffisante.

Il y a encores deux ou trois autres sortes de reuerences, comme pour saluer vn Seigneur, vne Dame, commencer vne courante, ou vne gaillarde, desquelles ie discourray en leur lieu. Mais parce que les pas de courante sont tres-propres pour aquerir la liberté des mouuemens qui sont necessaires en la danse, & adoucir l'air à vn Cauallier, & aussi que l'exercisse d'iceux fait trouuer de la facillité aux autres danses, ie commenceray par la.

DE LA COVRANTE EN GENERAL.

SY c'est quelqu'vn qui n'aye iamais apris à danser sera fort bon de le faire apuyer des mains contre vne table, pour luy donner plus de facilité à aprendre les mouuemens qui sont necessaires, tant du genoüil, & de la hanche, que du pied, & l'ayant fait placer comme il est requis d'estre pour commencer vne courante, faut luy faire porter la iambe en auāt & en arriere, tantost en droicte ligne, & quelque fois dessus & dessous la iambe qui sera à terre, pour luy apprendre les liaisons, le tout sans mettre à terre que pour se soulager ou pour changer de iambe, afin de faire de mesme de l'autre, dont tous les mouuemens procedent de la hanche, la pointe tant du pied qui sera en l'air que de celuy qui sera à terre fort ouuertes, & parce que cela luy acquerra insensiblement la facilité de bien passer la capriolle, & l'entrechart, s'il a le corps disposé à la danse par haut, il luy faut souuent faire exercer ceste leçon: Apres laquelle afin de luy acquerir auec moins de peine le port de la iambe, qu'on luy face sans le desplacer plier esgalement les deux genoux pour prendre le téps du pas de courante, mais parce que toutes les cadances se doiuent marquer en l'air : Venant à s'esleuer faut prendre garde que le pied qui se trouuera derriere demeure en l'air, & ne passe le talon de celuy de deuant, & que celuy de deuant ne leue qu'apres celuy de derriere, & le faire tomber tousiours sur la pointe du pied, & quand on l'aura ainsi exercé sur l'vne & sur l'autre iambe, qu'on luy face former le pas entier, & vn pas chassé sans appuy, tant en auant qu'en arriere & de costé, sur lesquels on l'asseurera auant que luy faire entreprendre ce qui suit.

D iij

DE LA COVRANTE.

SAns s'attacher donc aux vieilles maximes du temps, où l'on pouuoit veritablement dire, tousiours va qui danse, qui estoient autant esloignees de la perfection dont la danse se glorifie à ceste heure, comme elles estoient destituees de la gentillesse, des actions & mouuemens du corps, ioints à la mignardise des pas dont elle est enrichie, il faut qu'vn Escolier recherche curieusement les moyens qui peuuent vaincre les difficultez qui s'opposent à receuoir ses graces, & qu'il considere, que si la rose ne se peut cueillir que parmy les espines : aussi ne gagne-on cest exercice que par l'exercice mesme. Lors donc que l'Escolier fera facilement ce qui a esté dit cy dessus, il luy faudra apprendre vne courante reglee des plus aisees, comme celle qui suit, de laquelle ie parleray, afin de monstrer seulement quels y doiuent estre les mouuemens du corps, & comme il y faut porter & asseoir les pas : mais parce qu'elle se commence par vne reuerence, ie diray la methode qu'il faut tenir pour la bien faire.

DE LA REVERENCE, AVANT COMMENCER VNE COVRANTE.

AYANT tiré le chapeau de la main gauche deuant la compagnie & iceluy porté negligemment sur la cuisse, sans baisser la teste, tenant tousiours la veuë esgalle de sa hauteur, faut apres auoir tant soit peu plié les genoux, faire porter du pied droict vn pas plus en arriere qu'à costé, la iambe bien tenduë, puis en pliant à loisir le genoüil de l'autre, la faire suiure quasi derriere sur le mouuement du pied, & à l'instant sans se forcer, glisser l'autre par dessus, & lors que les molets des iambes viendront à se ioindre, sans s'arrester que bien peu sur ceste action, faire plier auec la mesme douceur les deux genoux, & en desgageant comme insensiblement la iambe gauche, la pointe du pied releuee, se tourner vis à vis, du costé où doit estre la femme, afin de faire la mesme reuerence de l'autre pied, puis baissant vn peu la teste auec le corps faut baiser la main pour prendre celle de la femme, & se courant, commencer gayement en obseruant vne mesure vn peu viste: i'entends quand l'Escolier sera bien asseuré sur ce qui suit, auquel alors & non plustost, il faudra monstrer l'action qui doit estre obseruee pour prendre vne Dame, & la prier de danser, dont sera parlé cy apres à la gaillarde.

DE LA COVRANTE REGLEE.

IL faut au partir de la reuerence, commencer du pied droict & faire trois pas, auec quelque negligence fans trainer à terre, & s'efleuant fur la pointe des pieds, les genoux tendus, tourner vn peu l'efpaule en dedans, du cofté du pied qui auance, puis remettant le corps à fon naturel, faire vn chaffe-coulant deuant foy, & felon la grandeur du lieu, faire cognoiftre à l'Efcolier qu'il n'importe d'auancer apres le chaffe, quelques pas non pairs, comme trois ou cinq fans chaffer. Apres lefquels s'arreftant fur la pointe du pied droict, luy faire porter l'autre en l'air, la iambe fort tenduë pour faire vn temps en rond, qui fera porté à cofté, dont le mouuement doit proceder de la hanche, pour bien former lequel, il faut vn peu plier fur l'autre iambe, & fe releuer fur la pointe du pied; apres lequel temps faut faire vn chaffé hors terre du mefme cofté, puis fautant fur le pied gauche, faire porter l'autre, la iambe bien tenduë, non en auant, comme plufieurs font, qui par ce moyen incommodent vne femme: mais à cofté, en l'air, pour le porter d'vn mefme temps à terre, la iambe croifee, en forte que les molets fe touchent, Cefte retirade doit eftre fuiuie d'vne autre qu'on fera tout de mefme de l'autre pied, & par ce que fur cefte action, le pied droict fe trouue deuant, il le faut porter à cofté, fur lequel ayant chaffé, faut faire deux pas deuant foy, apres lefquels le pied gauche fe doit

doit porter en l'air, pour d'iceluy sans plier le genoüil faire du mesme costé vn temps en rond comme le susdit, qui doit estre accompagné d'vne feinte, de tourner sur la main droicte en pliant le genoüil qui se trouue du mesme costé, & chasser sur l'autre, en tournant pour remettre le corps à son naturel, puis auancer trois pas, & chasser deuant soy sans tourner les espaules de costé ny d'autre, & ainsi continuer encore deux pas, & au troisiesme, la iambe bien téduë, faire vn temps en rond semblable au premier, & apres l'auoir chassé, faire deux retirades de mesmes les deux precedentes, & vne troisiesme du pied droict sans croiser, sur laquelle au lieu d'vn chassé on peut releuer vn temps de la iambe gauche sans sauter, en s'esleuát sur la pointe du pied droict, que le corps tout d'vne piece penchant vers la main droicte doit suiure lentement, & en mesme temps qu'on aura passé le pied gauche par dessus l'autre, faut desgager le droict, & le porter encore vne fois à costé à fin de glisser à l'instant le gauche derriere, puis faire vne retirade croisee, qui doit estre suiuie d'vne autre sans croiser, mais portee plustost en arriere qu'à costé, sur laquelle pliant le genoüil droict, faut tourner vn peu le corps de ce mesme costé, à fin de mieux prendre son temps pour faire vn chassé, & deux pas en tournant de l'autre, apres lesquels passant vne demy capriolle du pied droict par dessus le gauche ou faisant le temps, d'icelle faut porter le gauche à costé en l'air, & d'vn mesme temps en s'esleuant sur la pointe de l'autre, le porter par dessus, la iambe bien tenduë, en sorte qu'elle croise, si bien qu'apres auoir desgagé la gauche qui se

E

trouue derriere, & d'icelle faict vn temps, en tournant le corps du costé qu'on aura commencé & chassé sur iceluy, il ne faut que passer vne demy capriole en tournant deuant la femme, ou du moins en faire le temps pour finir vne reuerence.

DES ACTIONS PLVS NECESSAIRES
QVI DOIVENT ESTRE OBSERVEES
à la Courante.

ET parce que la grace d'vne Courante consiste en partie en l'action des bras, il faut par apres apprendre à marquer les cadences par le mouuement d'iceux, les prenant donc à leur naturel, faut en pliant le genoüil porter esgalemét les deux mains vers le busque du pourpoint, sans plier le poignet, & en se releuant pour former le premier pas, ouurir vn peu les bras, dont les mouuemens soient doux & sans force, & ainsi accompagnant de ceste action tous les pas, sans se laisser vaincre à l'impatience, il se faut bien exercer là dessus : car d'entreprendre beaucoup à la fois il est impossible de se rendre capable que de bien peu. Au contraire suiuant l'ordre que i'ay icy establi, on pourra mener aisément en peu de temps vn Escolier, au contentement qu'il en auroit imaginé : & lors que l'Escolier aura bien compris ceste courante, où telle autre qui luy sera monstree, ensemble les mouuements susdits, à fin que rien ne luy defaille, il luy faut faire obseruer aux pas chassez, qui se font en auançant ou reculant, à porter le pied qui chaſſe au coſté du chaſſé, non derriere, comme il y en a qui font, qui en ce faiſant auancent le ventre; & aux chaſſez qui ſe font de coſté, faut que le pied qui chaſſe prenne la place du chaſé, & que le portant le premier à terre ſur le mouuement, l'autre ſoit aſſis d'abort ſur le talon, & faire en ſorte qu'il y tienne le corps droict, depuis le buſque iuſques aux yeux, & la veuë touſiours eſgale de ſa hauteur, ſans plier de la ceincture, ny iamais les genoux en dedans, pas meſmes branſler la teſte, mais faire que le corps ferme & droict accompagne touſiours l'action des pieds aux retirades principalement, ou pluſieurs balancent le corps, ſoit par affecterie ou mauuaiſe habitude.

 La ſuſdite Courante bien executee, auec la meſure requiſe, & auec les actions telles qu'elles y ſont depeintes, donnera vne grande facilité à toute autre ſorte de danſes, & dés l'heure l'Eſcolier commençant à y prendre plaiſir, s'apperceura comme auec la patience, le temps luy amene inſenſiblement ceſte familiere cognoiſſance, qui luy rend en fin doux tout ce qui luy ſembloit auparauant impoſſible, & ſans qu'il ſoit beſoin de plus ample inſtruction, les Maiſtres pourront par le moyen de la Courante & actions ſuſdites en compoſer tout autant d'autres qu'il leur plairra, pourueu qu'ils n'ignorent la valeur des temps, & autres pas, & mouuemens dont on les enrichit, & qu'on danſe auiourd'huy, d'vne certaine negligence nullement affectee; & n'aymerois point qu'ils meſlaſſent parmy leurs compoſitions des pas qui ſentiſſent ſon baladin, comme fleurets, friſoteries, ou branſlemens de pieds,

E ij

pirouetes(i'entens à plusieurs tours violens & forcez,) caprioles, pas mesmes des demy caprioles, si ce n'est en tournant ou finissant, & tout plain d'autres petites actions ennemies du vray air qu'on y doit obseruer, mais seulement des pas coupez, & entrecoupez, d'autres graues, ensemble des liaisons, & des beaux temps, parce que les mouuemens qui en procedent, peuuent auec assez d'air & de grace accompagner tels pas sans force; que si quelques vns d'eux s'offencét de c'est aduis & que manque de se sçauoir cognoistre, la vanité leur face iuger vaine la peine que ie prends, qu'ils apprennent que la charité seule m'en a serui d'obiect : Ioint que la verité & la raison estans communes à vn chacun ne sont non plus à qui les a dictes premierement, qu'à celuy qui les dict apres, & ainsi sans s'en esloigner, qu'ils facent meux s'ils peuuent.

DES BRANSLES.

IL est fort à propos maintenant qu'vn Escolier peut auoir acquis le port de la iambe, de luy monstrer la suitte des Bransles, d'autant que par iceux on luy pourra grandement adoucir l'air, & luy regler l'action du corps & de la veuë, ce qu'on n'eust peu auparauant auec tant de facilité, non que ceux là soient blasmables, qui pour n'ennuyer ou desgouter vn Escolier, luy font commencer iceux durant le téps

LES CAVALIERS. 37

qu'il s'exerce sur ce qui a esté dit cy deuant : Pourueu toutesfois qu'ils preuiennent l'inconuenient, que l'embrasser trop de leçons à la fois apporte. Le plus court chemin n'est pas tousiours le meilleur, principalement en cest exercice, où il n'en prend pas comme iadis à ces *Abderites* qui deuiendrent Tragediens pour auoir ouy seulement reciter l'Andromede d'Euripide : Ie veux dire, que quelque suffisance que celuy qui guide vn Escolier puisse auoir, son eloquence sera sans fruict, pour luy donner l'intelligence de son vtilité, si quant & quant, & l'vn l'autre n'employent le temps & la peine qui sont necessaires pour s'en pouuoir acquiter dignement, car il arriue souuent à ceux qui par mespris passent legerement par dessus, qu'estans aux occasions ils s'y trouuent eux mesmes mesprisez, ne sçachans (comme on dit) sur quel pied danser.

DE LA REVERENCE AVANT
COMMENCER LES BRANSLES.

POvr ne peruertir donc l'ordre, il sera commencé par vne Reuerence, laquelle se doit faire comme il a esté dict à la Courante, en cas qu'on dansast deuant vn Roy, où en la presence de quelques personnes qualifiees, sinon se tournant deuant la femme, elle se doit commencer du pied gauche, duquel sans plier les genoux, ayant les pointes ou-

E iij

uertes, faut porter vn pas à cofté, & faire fuiure le droict quafi derriere, puis gliffer l'autre par deffus, iufqu'à ce que les iambes viennent à fe ioindre, & fur cefte action s'arrefter tant foit peu, puis pliant doucement les deux genoux & releuant la pointe du pied droict, le defgager doucement, en baifant la main pour prendre celle de la femme, & fe couurant, fe remettre à fin de commencer.

DV PREMIER BRANSLE.

AV fortir de la Reuerence, tenant le corps bien droict, faut partir du pied gauche, qu'on portera à cofté, & faire que d'iceluy on marque toufiours le tour circulaire du lieu, ce qui fera bien aifé en faifant tenir la pointe du pied fort ouuette. Le deuxiefme pas fe doit gliffer en roidiffant la iambe, iufqu'à ce que le talon paruienne quafi à la pointe du premier pas, pour faire le troifiefme, faut defgager le pied gauche & le porter efgal à l'autre, efloigné de demy pied feulement, & là deffus en s'efleuant fur la pointe des pieds, affembler doucement (fans plier les genoux) le talon droict au gauche, puis efcarter à cofté le gauche d'vn demy pied ou enuiron, & gliffer le pied droict derriere en croix fur la pointe, à fin de couler doucement le gauche à cofté, en luy faifant prendre vn tour vers le talon de l'autre, pour le porter efgal & efloigné comme le premier, & finir du pied droict par vn pas gliffé, qui

LES CAVALIERS.

sera assis à la pointe du gauche tout plat à terre, semblable au second, l'autre demeurant sur la pointe pour recommencer les mesmes pas, & ainsi continuer le bransle, auquel faut obseruer qu'il ne faut compter que huict pas, pour donner plus de facilité à vn Escolier, les trois premiers desquels se doiuent porter tous plats à terre, les autres sur le mouuement du pied, excepté le dernier, comme il a esté dit, & prendre garde que l'Escolier porte le corps quant & quant l'action du premier pas, & qu'en le posant à terre, le pied droict soit aussi tost sur la pointe, pour le faire suiure doucement, la iambe fort tenduë.

Et d'autant que plusieurs, soit par contrainte, où par mauuaise habitude ne diuertissent quasi iamais leur veuë en dansant ce bransle, ains regardent tousiours fixement deuant eux vn mesme obiect, il m'a semblé à propos de faire obseruer, qu'en portant le premier pas, on face aussi porter modestement de ce costé la veuë de sa hauteur, & au trois & quatriesme, regarder en presence, & parce que le sixiesme se glisse derriere & oblige le corps à tourner tant soit peu du costé droict, il est bon que la veuë l'accompagne auec quelque negligence, sans mouuoir la teste, car telles actions ne peuuent qu'anoblir les autres parties de la danse.

DV SECOND BRANSLE.

LE second se nomme le Bransle Gay, qui est composé de quatre pas, & se commence à fin de mieux prendre la cadance, par le dernier, en pliant tant soit peu les genoux pour assembler les deux talons en s'esleuant sur la pointe des pieds : Puis pour commencer les quatre pas, faut escarter le pied gauche, & faire que l'autre le suiue de pres contre le talon sur le mouuemét du pied, & en releuant la pointe du pied gauche, le lascher doucement à costé en glissant sur le talon, pendant lequel pas glissé, il faut descendre le talon du pied droict plat à terre, & sans s'arreste là dessus, faut plier tant soit peu les genoux pour mieux prédre son temps, à fin d'assembler le pied droict au gauche, en se releuát sur les deux pointes des pieds pour recommencer, & quand on sçaura faire ce Bransle & non plustost, pour en donner la perfection, qu'on face faire tous les pas sur les mouuemens des pieds, sans plier en tout les genoux, que si i'ay dit qu'il faut au commencement faire plier vn peu aux pas assemblez, c'est à fin d'enseigner plus aisément les mouuemens necessaires, qui sont sans doute & plus doux & plus nobles quand ils procedent de la hanche & du pied, mais vn Escolier ne les peut faire qu'apres vn long exercice, du moins qu'auec contrainte.

DV TROISIESME BRANSLE.

LE troisiesme est le Bransle de Poictou, auquel le commun ne compte que dix pas, mais pour le faire comprendre auec moins de peine, il en faut compter douze.

Ce Bransle se commence par vne reuerence qui se doit faire semblable à celle du premier, mais parce que l'entree de celuy-cy se faict de differentes sortes, i'ay choisi celle qui suit, comme estant à mon opinion la plus graue, sans s'arrester donc apres la reuerence (comme font plusieurs, qui manque de bonne oreille sont contraints d'attendre pour choisir le temps propre à prendre leur cadance.) Il faut partir par vn temps ou deux, en tournant deuant la femme, selon que la Musique obligera, à fin de finir ceste entree par vn pas entrecoupé.

Mais à fin de bien poursuiure le reste du Bransle, ceste entree se doit finir les pieds esloignez de demy pied, les pointes fort ouuertes, principalement celle du droit, & en cas que l'Escolier soit desia auancé, faudra luy faire couler tout ce bransle sur le mouuement des pieds, que s'il ne fait que commencer, il luy faut au premier pas faire plier vn peu les genoüils & assembler le talon droict au gauche, en se releuant sur la pointe des pieds, puis faire porter le pied gauche sur la pointe à costé & le droict deuant. Au quatriesme, desgager doucement le pied gauche de derriere, & le glisser à coste à demy

F

pied de l'autre, & au cinquiesme, assembler comme au premier, & apres faire partir du pied gauche, à fin de faire couler quatre pas, les iambes fort tendues, & que les mouuemens procedent de la hanche : mais parce qu'au neufiesme pas le pied droict se trouue deuant, il faut pour faire le dixiesme, glisser le gauche & le porter encore vne fois à costé esloigné de demy pied, & assembler le pied droict au gauche. Puis pour finir les douze pas, escarter doucement le pied gauche, & le porter à costé comme le quatriesme, & ainsi continuer ces mesmes pas face à face de ceux du bransle, ayant la main de laquelle on meine au costé sur la ceincture, iusqu'à ce qu'on paruienne à celuy qui occupe la derniere place, où il la faudra relascher apres auoir tourné sur la main gauche pour reprendre le mesme chemin, à fin que sans changer de pas il continuë iusqu'au lieu où il aura commencé, auquel il doit finir par des temps & des pas assemblez, qu'il fera en se retirant en presence de la femme, ce qu'estant obserué, on laissera ceux du bransle en bel ordre, & sera dansé sans confusion.

 Le Maistre doit prédre garde qu'en ce brasle l'Escolier n'y tiéne pas le bras gauche tousiours roide & tendus, cóme quelques vns souffrét faire: mais faisant porter iceluy negligemment estendu. Faire obseruer (principalement aux pas assemblez) vn petit mouuement ou ply, qui se doit faire quasi comme insensiblement sans ouurir les bras, que tres peu apres ledit mouuement. On doit prendre garde aussi que l'Escolier ne tourne point le corps du costé droict & la teste du gauche, & qu'il ny marque les cadances des genoux, des espaules, ny de la teſte, & ne porte la veuë baſſe. Defauts qui ſe trouuent ordinairement en pluſieurs, qui ne laiſſent d'eſtre eſtimez bons danſeurs: mais c'eſt de ceux qui pour gratifier leur courtoiſie ne ſe ſoucient d'offencer leur iugement, de telles actions les Maiſtres ne ſont nullement blaſmables, comme ceux qui les choiſiſſent, & bien ſouuent ces deffauts viennent des Eſcoliers qui peruertiſſent les bonnes actions qu'on leur donne, les vns pour y apporter trop d'affecterie, les autres trop de negligence, & tous enſemble pour ne ſçauoir iuger où telles actions ſe doiuent approprier.

Il m'a ſemblé inutile de parler icy par le menu du ſurplus de la ſuitte des branſles; Parce qu'outre qu'on ne les met que rarement en vſage, on s'amuſe bien plus à s'entretenir qu'à les danſer ſerieuſement, d'ailleurs que les pas & les actions qu'on y fait obſeruer aux Dames, dont ſera parlé cy apres, peuuent ſeruir de regle. Ie diray toutesfois que pour s'en bien acquitter on doit faire proceder tous les mouuemens des pieds, & de la hanche, ſi ce n'eſtoit quelque Eſcolier auquel pour ſa foibleſſe on fut obligé faire plier vn peu aux pas aſſemblez.

Iuſques à preſent qu'on ſe ſera ſerui de tous les moyens propres pour acheminer les fruicts des actions d'vn Caualier à vne parfaicte maturité: Il ſemble puis qu'entre les bonnes actions, les plus penibles ne ſont pas les moins ſouhaitables, qu'il eſt à propos de pourſuiure par la Gaillarde, en laquelle ſe peuuent rencontrer quelques difficultez: mais comme les precedentes auront eſté vaincuës par la patience, l'exercice rendra celles-cy faciles, pourueu qu'on recherche & embrasse les remedes qui sont proposez, & que le Maistre ne s'esgare point de la Methode qui luy est prescrite, ie mets ceste derniere exception, pource qu'il y en a de si presomptueux, qu'ils pensent auoir la maistresse forme de l'humaine nature, & ainsi veulent regler tout le monde à leur moule : Estimans que les alleures qui ne se rapportent aux leurs, sont ou feintes, ou fausses; Voire si on leur louë la gentillesse des actions ou facultez de quelque autre : la premiere chose qu'ils appellent à la consultation de leur iugement, c'est leur exemple, mais toutes personnes de bon sens trouueront ceste procedure vne asnerie insuportable.

DE LA GAILLARDE.

POVR bien & facilement monstrer la Gaillarde, il faut premierement faire couper le dernier pas du pied droict, à fin de commencer du mesme pied, apres auoir vn peu plié les genoüils, faut en se leuant sauter sur la pointe du pied gauche, les iambes fort tenduës, & incontinent porter (en tournant demy tour seulement) le pied droict à costé sur le talon, à fin de l'assoir tout à l'instant plat à terre, & non sur la pointe du pied, comme quelques vns font pratiquer, quoy que l'action en soit ridicule, puis faire couler le gauche sur le mouuement d'iceluy, iusqu'à ce qu'il paruienne au talon de l'autre pour chasser, mais faut obseruer

LES CAVALIERS. 45

qu'en ce chaſſé le pied droict qui ſe trouue deuant doit leuer auſſi toſt que le gauche, & en meſme temps qu'il ſera en l'air, il faut en s'eſleuant hors terre changer de pied, releuant le gauche, duquel par apres ſera coupé en le portant deuant, pour deſgager doucement le droict qui ſe trouue derriere, le tout ſans plier que pour ſe reprendre, à fin de recommencer de l'autre pied les meſmes pas iuſqu'au bout de la ſalle, où eſtant, il faudra faire ſur le premier pas vn tour entier pour reprendre le meſme chemin, à fin de reuenir finir par vne reuerence où on aura commencé : i'obmets à deſſein à dire par le menu les pas & les actions auec leſquelles il faut finir, d'autant que le Maiſtre les ſuppleera lors que l'Eſcolier ſera capable de danſer en compagnie, n'eſtimant pas qu'il y en aye qui ignorent, que ſi l'Eſcolier va par haut il doit finir par vne ou pluſieurs caprioles, ſinon par quelque temps, pour prendre en cadance l'action de la reuerence, dont ſera parlé cy apres.

Apres qu'on pourra faire facilement ces cinq pas, il faudra apprendre (& non pluſtoſt,) de quelle ſorte le mouuement des bras doit accompagner l'action des pieds, c'eſt qu'en ſautát le premier pas il faut ouurir les bras eſgalemét chacun de ſon coſté, & en meſme temps qu'on fera gliſſer le troiſieſme pas derriere, faut les rapporter negligemment, iuſqu'à ce que les mains ſans plier le poignet viennent quaſi à ſe ioindre, lors ſans s'arreſter ſur ceſte action il faudra deſcendre, à fin d'obſeruer au quatrieſme & cinquieſme les meſmes mouuemens, & ainſi les cadances ſe trouueront bien marquees : Pendant toutes lesquelles actions il faut auoir les pointes des pieds ouuertes & la veuë de sa hauteur, à fin que tenant le corps droict & ferme on regarde en face la compagnie, sans tourner la teste qu'auec le corps, & prendre garde à ne point chasser de la pointe du pied, ny en faisant les pas susdits, aller de l'vne à l'autre extremité du lieu : mais y tenir la droicte ligne le plus qu'il sera possible, ce qui sera fort aisé, si on faict porter les pas de costé, non deuant soy.

Or comme il y a des personnes qui pour auoir le pied trop court, ou les iambes faictes en paranteze, quoy que le reste du corps soit bien taillé ou proportionné, ne peuuent iamais venir à vne vraye reputation de bien danser. Ainsi en y a-il d'autres qui sympatisent si fort auec la terre, qu'ils ne la peuuent iamais abandonner que de bien peu : C'est pourquoy il est fort à propos qu'ils se rangent auec ceux lesquels, bien qu'ils ne manquent point de disposition, neaumoins pour auoir trop mauuaise grace à la dase par haut, sont pour leur honneur contraints d'aller terre à terre : Car en effect vn homme ne se doit iamais mesler de caprioler, principalement en lieu de reputation, s'il n'excelle, ou s'il ne veut seruir de iouet à la compagnie, comme font aucuns, qui ne pouuant representer le port & la descence de nostre noblesse, cherchent à se recommander par des sauts & autres mouuemens battelleresques : tellement que ie conseille telles personnes à se tenir pour le faict de la Gaillarde aux cinq pas susdits, lesquels faicts de bonne grace, valent mieux qu'vn tas de passages qu'on sçauroit faire, qui sentent par trop son baladin.

DE LA CAPRIOLE.

ET bien qu'il semble que Caprioler ou aller par haut soit vne action fort violente, penible, & tres-malaisee à acquerir, si est-ce que s'y exerçant, comme il est requis, & y obseruant ce que i'en diray cy apres, on se la pourra rendre aussi facile que les moindres actions qui se pratiquent en la danse.

Mais parce que ceux qui en ont atteint la perfection y ont auec plus d'apparence commencé de longue main, il est grandement necessaire que ceux qui l'entreprendront n'attendent point à vn aage trop auancé, autrement ce qui se pourroit quasi acquerir insensiblement par succession de temps, venant à estre precipité ne se pourroit vaincre qu'auec grande difficulté, & peut estre se trouueroient-ils au bout de leur compte, au pied d'vn mur sans eschelle, estant tres-veritable que les mieux dansans n'y ont pas apporté d'autre finesse qu'vn long & assidu exercice, qui seul fait iouer en eux ces ressorts qui produisent la douceur de tant de diuers mouuemens dont la danse se voit annoblie.

Il faut donc obseruer en y commençant (à fin de ioindre la grace à l'action) que l'on ne doit iamais plier les genouïls que lors qu'on veut prendre son temps pour s'esleuer, d'autant qu'il faut que tous les mouuemens procedent de la hanche, & qu'à chacun d'iceux

la pointe des pieds (fort releuee) paruienne en la paſ-
ſant au talon, & de ceſte façon la paſſer par degrez, premierement à deux, puis à trois, & ainſi continuer, tenant touſiours le corps ferme & droict ſans branſler la
teſte, ayant la pointe des pieds, tant en s'eſleuant qu'en
deſcendant vn peu ouuerte, & tomber l'vn aſſez pres
de l'autre, à fin de ſe mieux reprendre, & pour moins de
peine, on ſe peut ſeruir d'vne table, ou de deux chaiſes
pour ſe ſouſtenir ſur la force des bras, puis venant à
s'exercer ſans appuy en s'eſleuant à la premiere, faut
porter les mains iuſques au buſque du pourpoint, comme qui prendroit ſa force pour faire vn ſaut, & à la ſe-
conde, les deſcendre ouurant vn peu les bras, & ainſi
continuer, tenant touſiours la veuë eſgale de ſa hauteur
ſans ſe courber, & quand on ſera paruenu à ce poinct
de la pouuoir paſſer à ſix, il s'y faut arreſter, & s'y exercer fort, à fin de la faire facilement, car il eſt tres vray
que paſſee à ſept, ou à huict, elle n'en paroit pas d'a-
uantage, au contraire on ne fait que friſotter du genoüil en bas, outre qu'il eſt impoſſible d'en faire que
fort peu de ſuitte, dont les actions ſont ordinairement
forcées, ſi bien qu'il vaudroit mieux ne la paſſer qu'à
quatre ſur les deux pieds, & que ce fut auec facilité.

Au ſurplus, lors que l'Eſcolier ſera capable de danſer en compagnie, il luy faut apprendre les actions qui
ſuiuent pour prier vne Dame de danſer; Ayant donc
tiré le chapeau, qu'il portera ſur le buſque du pourpoint, il fera quelques demarches graues, apres leſquelles venant s'approcher, il coulera doucement le pied
droict deuant l'autre, pour faire vne reuerence, comme
celle

celle dont i'ay parlé pour aborder vne compagnie, & baissant vn peu la teste auec le corps, pour baiser la main & prendre celle de la femme, il l'amenera au bas bout, vis à vis de la compagnie, où estant il fera vne reuerence, comme on luy a enseigné à la Courante, puis reprenant la femme par la main, la conduira iusques au milieu de la salle, & là s'il y a quelque personne qualifiee il refera la mesme reuerence, sinon qu'il saluë la femme seulement : Puis prenant son chemin vers la main droicte en remettant son chapeau, fera trois ou quatre demarches, de la façon qu'il a esté dict cy dessus, auant que prendre la cadance pour commencer, & venant à finir, que ce soit d'vne reuerence deuant la Dame, mais ne faut pas oublier d'en faire vne auparauant deuant la compagnie, en cas qu'il y ait comme ie vous ay dict, quelqu'vn qui vous y obligeast, ny à ramener la Dame en sa place, le tout auec des pas & des demarches qui ne soient pas timides.

DE LA REVERENCE POVR SALVER VN SEIGNEVR OV VNE DAME.

QVE si on veut donner à vn Escolier la grauité qui est requise pour saluër vn Seigneur, ou vne Dame, qu'on luy face souuent prattiquer les reuerences qui suiuent.

Il faut premierement, comme i'ay desia dict à la premiere reuerence, tirer le chapeau, &

apres faire quelques demarches graues sans affecterie, & lors qu'on viendra à ioindre celuy qu'on veut salüer, faut la iambe bien tenduë glisser le pied droict deuant le gauche, & en mesme temps, pliant les genoüils non en auant, mais en dehors chacun de son costé, plier aussi de la ceinture, & ainsi (sans baisser la teste qu'auec le corps) le bras droict bien estendu, descendre le tout esgalement, tant & si peu que la qualité de celuy qu'on saluë pourra obliger, & sans s'arrester sur ceste action, en se releuant faut baiser la main droicte, & la raportant à son naturel, escarter aussi tost le pied gauche à costé, & glisser le droict derriere, qu'il faudra desgager doucement en pliant tant soit peu, & là dessus s'arrester pour s'entretenir.

 Ces mesmes actions doiuent estre obseruees par vn Caualier pour salüer vne Dame, excepté qu'il faut en se releuant apres auoir baisé la main, baiser aussi la Dame, puis desgager le pied gauche & glisser le droict derriere, qu'il faudra rapporter, en le glissant doucement, comme il a esté dict cy dessus, pour salüer vn Caualier.

 Il y a au reste certaines actions qu'on mesle parmy les ceremonies ou complimens, qu'vne, visite, abort, ou reception d'vne compagnie oblige faire, qui pour estre quelquefois trop ennuyeuses, ou importunes, pourueu qu'on les oublie par discretion, non par erreur, on n'en à pas moins de grace.

 Or comme les susdites danses sont sans doute les plus receuës: aussi apportent elles auec plus d'auantage quelque honneur du profit qu'on peut faire en leur escole, & quiconque suiura ce que i'en ay enseigné qu'il s'asseuré d'en acquerir vne action toute belle, & assez de cognoissance pour ne la laisser corrompre par mauuaises habitudes, en cas que sa curiosité le portast à l'exercice des danses moins requises, desquelles il ne sera pas parlé quand à present, d'autant que le but principal où i'ay visé, n'a esté que de donner à vn Escolier la grace & la modestie, à quoy le surplus des danses sont inutiles.

A MADAME LA
MARQVISE DE BVCKINGHAM, &c.

MADAME,

Si vous considerez que toutes choses tendent necessairement à leur centre, ie m'asseure que vous ne trouuerez pas estrange que ce discours s'ose adresser à vostre grandeur, puis qu'il la recognoist pour l'element & le vray seiour des graces dont il traicte, on ne peut en cela l'accuser d'effronterie ny d'imprudence, (car il ne pouuoit resister à la Nature, qui l'oblige de rechercher en vostre faueur la conseruation de la vie que ie luy donne, ny s'asseurer contre les attaques de l'enuie, qu'en vostre protection. Toute sa felicité (MADAME) depend du bon accueil que vostre grandeur luy fera, & la mienne du temps auquel ie pourray contribuer à la recognoissance de vos perfections quelque preuue plus digne de sa qualité.

MADAME,

De vostre tres-humble & tres-obeissant seruiteur.

F. DE LAVZE.

METHODE POVR
LES DAMES.

IL est indubitable que la beauté des Dames a seruy de subiect aux enuieux, pour blasmer cest exercice: Car disent ils, si les perfections d'vn beau visage armé desia de mil mignardises & d'appas sont anoblies des graces de la danse, y aura il des yeux assez chastes pour soustenir l'esclat de tant de traits & d'atraits sans alarmes. Mais voyez mes Dames la responce que ie leur ay faicte en l'Apologie de ce traité, où vous aprendrez que l'on s'offence à tort d'vne intention innocente, & qu'il n'y a que les circonstances des temps & des lieux qui puissent rendre vos actions blasmables, ce que si vous considerez bien, vous n'attacherez iamais vostre creance à ces superstitieuses persuasions. Quitez donc ces opinions anticipees, & suiuez ces pas, qui seuls vous peuuent acheminer à la bien-seance, vous asseurant que si vous les accompagnez de la grauité, & de la modestie (deux graces principales qui doiuent tousiours regler vos actions) vous receurez du fruict de mes enseignemens vn contentement incroyable.

G iij

Plusieurs maistres estiment qu'il n'est pas necessaire d'obliger vne Dame à porter les pointes des pieds ouuertes, & se fondent seulement sur ce que n'estant pas subiectes à estre veuës, il n'importe qu'elle action elles ayent.

Ie suiurois certes en cela leur opinion pour le soulagement de celles qu'vne mauuaise habitude contraint à les porter en dedans, si l'experience ne me donnoit loy de soustenir le contraire.

Car comme on ne me sçauroit nyer que l'action du corps ne suiue naturellement en dansant celle des pieds, ie m'asseure si on prend garde aux mouuemens qui se font tant des espaules que du reste du corps, en les ouurant & fermant, ou si on fait comparaison de la grace de quelqu'vne qui en dansant à les pointes des pieds en dedans, auec celle qu'elle aura les ayant ouuertes qu'on aprouuera mon aduis.

DES PRINCIPES.

ET pource que le visage d'vne Dame est le premier obiect qui attire les yeux des regardans pour iuger de sa grace, il faut en premier lieu s'estudier à luy bien placer la teste & regler sa veuë, qui doit tousiours estre esgalle de sa hauteur en dansant, puis luy faire mettre les pieds assez pres l'vn de l'autre, les pointes ouuertes, & ainsi la tenant par les deux mains, luy faire faire quelques demarches graues & en droicte ligne, pour luy aquerir l'air auec lequel elle doit aborder ou receuoir vne compagnie, cela gaigné qu'elle aprene à faire la reuerence en ceste sorte.

DE LA REVERENCE.

LORS que sa discretion luy fera iuger le temps de saluer la compagnie qu'elle reçoit ou qu'elle aborde, il faut qu'elle escarte tant soit peu l'vn des pieds à costé, & d'vn mesme temps glisser doucement l'autre quasi tout ioignant, les pointes ouuertes, lors sans s'arrester que bien peu, ayant les bras negligemment estendus sur les costez, elle doit auec le plus de douceur qu'il sera possible plier esgalement les deux genoüils, non en auāt comme font plusieurs, qui pour tenir les pointes des pieds closes s'en aquittent assez mal, mais chacun de son costé, & si elle la desire descendre tres-basse & y tenir quand & quand le corps droit & ferme, qu'elle leue doucement les talons en se soutenant sur la pointe des pieds à mesure qu'elle pliera les genoüils, & lors qu'elle l'aura tiree au point qu'elle la voudra faire, faut tout aussi tost luy faire remonter de mesme air qu'elle aura descendu. Mais il faut luy aprendre que selon les occasions elle les doit faire plus ou moins humbles, y obseruant toutesfois vne mediocrité, à fin qu'on ne la puisse blasmer d'affecterie, au reste il est necessaire en la commençant de regarder en face la compagnie, mais pour ne s'esloigner de la mo-

METHODE POVR

destie, en pliãt les genoüils faut faire descendre la veuë auec le corps qu'on releuera en finissant, sans l'arrester à regarder personne fixement en face, pource que cela tient de l'effronterie.

Et parce qu'en faisant des visites il se rencontre quelquefois diuerses compagnies en vn mesme lieu, lesquelles vne Dame est obligee (soit par bienseance ou autrement) de saluër simplement en passant, & aussi qu'il seroit ennuieux de faire tousiours vne profonde reuerance, principalement parmy les complimens ceremonieux qui se font en telles occasions, ou aux ceremonies d'vn depart apres le premier congé pris d'vne compagnie, ie diray comme il s'en faut acquitter.

Premierement apres qu'on aura fait vne reuerence de pied ferme auant qu'aborder vne compagnie, comme il a esté dict cy dessus, il faut selon que les personnes seront placees porter (chemin faisant) vn pas de costé en se tournant vis à vis de ceux qu'on saluë, que si la compagnie est à main droicte, que ce soit du pied gauche, & si à gauche, du droict, & en mesme temps glisser tout à loisir l'autre deuant, & sans s'arrester sur ceste action, apres auoir doucement & bien peu plié les deux genoüils, il faut faire releuer de mesme qu'on aura descendu, en glissant comme insensiblement le pied qui se trouuera derriere, duquel on fera le premier pas pour continuer son chemin; On doit au surplus faire exercer souuent ceste mesme reuerence sur l'vn & sur l'autre pied, & faire cognoistre qu'il est tres à propos de la faire de ceste sorte en presence de ceux auec lesquels

on

LES DAMES.

on s'entretient, à fin qu'aux occasions on ne soit pas surpris, & qu'auec vne grace asseuree on puisse s'en acquitter dignement.

Et d'autant que les danses les plus vsitees sont les plus nobles & necessaires, & par consequent plus sortables à mon dessein, & que pour s'acquitter dignement d'icelles, les pas & les démarches plus naturelles sont non seulement les plus requises aux Dames, mais sans comparaison les plus propres pour leur acquerir vn port naïf, & vne action bien plus belle, qu'vn meslange confus de diuerses decoupeures & agitation de corps esloigné de toute bien seance, & que les bransles qui sont tous plains de grauité & de modestie, sont aussi plus propres pour leur asseurer la grace & adoucir l'air: ce n'est pas sans raison que ie veux commencer par là.

DV PREMIER BRANSLE.

IE diray donc que le Bransle simple composé de huict pas, (apres auoir faict la reuerence telle que ie la viens de d'escrire, qui sera commencee du pied droict, tant deuant la compagnie qu'en tournant deuant vn Caualier,) se commence du pied gauche qu'on portera à costé, à la pointe duquel (la iambe bien tenduë) on fera glisser sans effort le pied droict sur le mouuement d'iceluy, en faisant d'vn mesme temps tourner tant soit peu l'espaule gauche en dehors, sans

H

MÉTHODE POVR

esbranler le corps, car la seule action du pied suffit, si la pointe en est bien ouuerte; Puis pour faire le troisiesme pas faut desgager le pied gauche, & le porter esgal à l'autre, esloigné de demy pied seulement, & là dessus en esleuant le corps tout d'vne piece sur le mouuement des pieds, assembler en glissant le talon droict au gauche, & au cinquiesme porter le gauche à costé, esloigné comme le premier, puis pour faire le sixiesme glisser seulement le droict iusqu'à ce qu'il paruienne derriere au talon de l'autre, alors sans plier en tout les genoüils, s'esleuant tát soit peu sur la pointe du pied qui se trouue derriere, faut porter le septiesme pas à costé, esgal & esloigné comme le troisiesme, & finir par vn pas qu'on glissera du pied droict à la pointe de l'autre, semblable au deuxiesme, à fin de recommencer.

Mais à fin qu'il n'y ait rien à dire aux actions de celles qui danseront ce Bransle, il faut que le corps & la teste y soient tenus droicts & fermes, en sorte que tous les mouuemens procedent de la hanche & des pieds, sans hausser en tout les espaules ny plier les genoüils, du moins que tres peu, à fin que les actions n'en soient forcees, les pointes des pieds ouuertes, & que les trois premiers pas soient assis plats à terre, & tout le reste sur le mouuement des pieds, excepté le dernier, comme i'ay desia dict, tenant tousiours la veuë esgale de sa hauteur, l'action de laquelle ne doit tourner qu'auec le corps, sans aucun mouuement de la teste.

DV BRANSLE GAY.

TOVT de mesmes qu'il a esté dict pour vn Caualier, il faut qu'vne Dame commence le Bransle Gay par le dernier pas, à fin de bien prendre la cadance, & pour ce faire en pliant tant soit peu les genoüils, on assemblera le talon droict au gauche en glissant, & se releuant sur la pointe de tous les deux ; Puis commençant le premier des quatre pas dót il est composé, il faut escarter le pied gauche à costé, & faire que d'vn mesme temps l'autre le suiue de pres en glissant, iusqu'à ce qu'il paruienne au talon, & au troisiesme sans plier les genoüils, glisser doucement le pied gauche à costé sur le talon la pointe releuee, puis en pliát les genoüils, assembler comme on aura faict pour prendre la cadance, à fin de recommencer.

Il faut toutesfois notter qu'à tous les pas assemblez de ce bransle, & non ailleurs (pour ne rien forcer, & danser sans contrainte,) il faut plier tant soit peu les genoüils, mais il est sur tout necessaire de se releuer sur la pointe des pieds, & si quelquefois pour diuersifier on veut faire glisser au deuxiesme pas le pied droict derriere, en sorte que le corps tournant vn peu du costé de celuy qu'on meine, la veuë tourne aussi & non autremét, on le pourra faire, sans leur permettre, comme font plusieurs de regarder par dessus les espaules, ny

METHODE POVR

certains branslemens de corps, que quelques vns y font obseruer, dont les actions sont fort desagreables.

DV BRANSLE DE POICTOV.

E troisiesme est le bransle de Poictou, où il faut compter douze pas, lequel se commence (apres vne reuerence qu'on fera semblable à celle du premier,) par vn temps ou deux, auec vn ou plusieurs pas coulez, en tournant deuant celuy qu'on meine, selon que la Musique pourra obliger pour prendre la cadence.

Ceste entree se doit finir les pieds esloignez d'enuiron demy pied, & lors portant la main droicte au costé sur la ceinture, il faut poursuiure face à face de tous ceux du bransle sur les pas qui suiuent.

Premierement, il faut plier vn peu les genoüils & assembler (en glissant) le talon droict au gauche, en se releuant sur la pointe des pieds, & sans s'arrester là dessus, porter le pied gauche à costé, & le droict deuant sur le mouuement d'iceux, puis au quatriesme, en desgageant le pied gauche, le glisser doucement à demy pied de l'autre, & au cinquiesme, assembler comme au premier, pour puis apres couler quatre pas sur le mouuement des pieds, les iambes bien tenduës, & parce qu'au neufiesme le pied droict se trouue deuant, il faut glisser le pied gauche à costé pour assembler encore vne fois le droict, à fin de defgager au douziefme le pied gauche, comme au quatriefme pour recommencer, & ainfi continuer fur ces mefmes pas.

Et lors qu'on fera paruenu à celuy qui occupe la derniere place du branfle, faut tourner fur la main gauche, & reprendre à peu pres le chemin qu'on aura faict en relafchant la main du cofté, & ouurir les bras, pour mener auec plus de liberté, & ainfi on pourra finir par vne reuerence, & laiffer la compagnie en bel ordre, ce qui fe doit faire en cadance, mais auparauant la reuerence, on peut finir en cefte forte.

Apres auoir affemblé le premier pas du pied droict en gliffant, & efcarter vn peu le gauche à cofté tournant deuant celuy qu'on meine, faire deux pas lentement en arriere, s'efleuant fur le mouuement du pied qui fera à terre, puis en pliant vn peu les genoüils, releuer le pied droict qui fe trouue deuant, & couler cinq menus pas en reculant fur la pointe des pieds, apres lefquels ayant quitté la main de celuy qu'on meine, faire vne reuerence en fe tournant deuant la compagnie, & vne autre deuant celuy qu'on aura mené.

A ce branfle ne faut iamais plier les genoüils, que comme infenfiblement aux pas affemblez, tenát toufiours le corps & la tefte ferme, à fin de le couler doucement de cofté, & pour empefcher de tourner le dos à celuy qu'on meine (deffaut ordinaire à plufieurs) il faut porter les pointes des pieds fort ouuertes, principalement celle du droict.

DV QVATRIESME BRANSLE.

LE quatriefme branfle, fe nomme le branfle double de Poictou, auquel nous compterons quinze pas à fin de le faire mieux comprendre. Les cinq premiers fe font ne plus ne moins comme les cinq premiers du precedant, & parce que les pieds fe trouuent ioints enfemble, il faut au fixiefme efcarter le pied gauche, à fin d'affembler au feptiefme encore vne fois, puis au huictiefme rapporter le pied droict de fon cofté, en retirant tant foit peu en arriere, & glisfer au neufiefme le gauche du mefme cofté fur la pointe pour affembler, alors en pliant doucement les genoüils au dixiefme, faut releuer le pied gauche en l'air, qu'on efcartera de fon cofté pour marquer onze, apres lequel faifant porter au douziefme le pied droict deuant quafi à la pointe de l'autre, en dégageant au treziefme le gauche, qui fera gliffé à cofté, faut que le droict le fuiue de prés au quatorziefme, & auffi toft qu'il viendra à fe ioindre, on doit efcarter le gauche, qui eft le quinziefme, & continuer ainfi durant qu'on ioüera l'air.

Mais faut remarquer qu'à tous les pas affemblez, les pointes des pieds ouuertes, il fe faut releuer fur icelles fans faire aucun mouuement des efpaules en dedans, ny dehors, ains tenir toufiours le corps droict & efgal.

DV CINQVIESME BRANSLE.

LE cinquiesme se faict de mesme le precedant, excepté qu'en celuy-cy on fait deux glissades en retrogradant du costé droict, & en l'autre on n'en fait qu'vne, au partir desquelles on releue le pied gauche comme au precedant, & le portant à costé on fait seulement vn pas coupé pour finir.

Pour la derniere diuersité des pas de la suitte des bransles, ils se font sur les deux derniers couplets du dernier d'iceux. Au premier desquels, sans quasi bouger d'vne place, on glisse doucement le pied droict pres du gauche, en se releuant sur le mouuement d'iceux, & à l'instant laschant le gauche à costé, & rapportant l'autre en sa place, on tourne vn peu l'espaule droicte en dehors, que le corps tout d'vne piece doit suiure, puis on faict les mesmes trois pas de l'autre costé, commençant du pied gauche, si bien qu'apres auoir tourné l'espaule gauche en dehors, il faut faire vne retirade du pied droict sans leuer le gauche, que sur le mouuement d'iceluy en pliant vn peu les genoüils, & vne toute semblable de l'autre pied. Plus pliant esgalement les genoüils il faut rapporter le pied gauche en l'air, pour d'iceluy marquer vn pas à costé, qui sera à l'instant suiuy d'vn pas coupé du pied droict.

A ce dernier couplet il faut faire vn temps en coulant lentement le pied droit par dessus le gauche, & vn autre du gauche en le desgageant & portant à costé, puis deux glissades du costé gauche, & deux autres du costé droit semblables à celles du cinquiesme, si bien que pour finir il ne faut que plier doucement les genoüils pour relever le pied gauche en l'air, lequel estant porté à costé sera suiuy d'vn pas couppé.

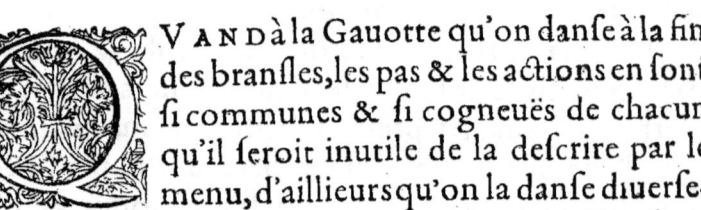

DE LA GAVOTTE.

QVAND à la Gauotte qu'on danse à la fin des bransles, les pas & les actions en sont si communes & si cogneuës de chacun qu'il seroit inutile de la descrire par le menu, d'ailleurs qu'on la danse diuersement en plusieurs lieux, comme en Normandie où on en danse trois, desquelles les airs sont non seulement differents, mais les pas & les figures. Et en Flandre, en Artois, & ailleurs, il s'en danse aussi trois toutes differentes dont les airs, les actions, les pas, & les figures n'ont rien de semblable aux susdites.

DE LA

DE LA COVRANTE.

APres auoir consideré la diuersité des pas de courante qu'on fait auiourd huy, ie n'en ay point trouué qu'vne Dame peust acquerir auec plus de facilité, n'y qui luy donne vne action plus belle ny plus aduantageuse que ceux cy.

Quand elle aura faict la reuerence comme i'ay enseigné aux bransles, se resouuenant de tenir les pointes des pieds ouuertes, il luy faudra faire porter negligément trois pas sans chasser, ny s'esleuer hors terre, mais pliant vn peu les genoüils se releuer sur la pointe du pied qui se trouuera à terre, faisant retirer auec la mesme douceur tant soit peu l'espaule du costé du pied qui aduance, & apres auoir fait chasser le troisiesme faire vn pas porté & vn pas chassé sur l'vn, puis sur l'autre pied, iusqu'à la fin, sur tous lesquels pas, faut faire plier esgalement les genoüils, à fin que le corps bien droit suiue l'action des pieds, & prendre garde que le pied qui chasse soit porté esgal au costé du chassé, & s'esleuant hors terre sur le pas porté, faut couler doucement le chassé tombant tousiours sur la pointe des pieds, il y faut pourtant obseruer vne mesure vn peu viste sans bransler la teste, aduancer le ventre, ny plier de la ceinture, & en pliant les genoüils tenir le corps droit

I

d'vne façon esgale, sans pancher de costé ny d'autre; au surplus ces mesmes pas seront fort aduantageux pour celles qui manquët de disposition, ne peuuent s'esleuer hors terre. Car si elles se plient vn peu bas esgalement sur tous les pas, & se releuent sur la pointe des pieds elles paroistront quasi s'esleuer autant que celles qui sautent, & auec cest aduantage que leurs actions en seront beaucoup plus douces. Au surplus le maistre doit prendre garde que selon la composition de celles qui ont la taille gastee, il est necessaire de faire porter aux vnes le pas chassé deuant en forme d'vn pas couppé, aux autres par derriere, selon que leur deffaut obligera.

DE LA GAILLARDE.

IL faut premierement apres auoir esté conduite en presence de la compagnie, faire les deux reuerences qu'on obserue ordinairement aux Gaillardes, de mesme celle dont i'ay cy deuant parlé aux Bransles, & au partir de la derniere continuër le chemin vers le haut bout du lieu où l'on danse, par autant de desmarches que la Musique peut obliger pour prendre la cadence. Puis commencer par vn pas couppé qui se fait du pied droict, apres lequel pliant vn peu les genoüils faut faire escarter vn pas du pied droit en tournant fort le corps en dedans, après lequel s'esleuant sur la pointe des pieds faire que le pied gauche chasse quasi du talon le droit en l'air, qu'il faudra poser à l'instant à terre en releuant le gauche, auec lequel il faut à mesme temps coupper vn pas comme on fait pour prendre la cadence, & ainsi continüer sur l'autre pied sans sauter ou s'esleuer hors terre des deux pieds à la fois, mais couler doucement tous les pas sur le seul mouuement des pieds, & ne plier les genoüils qu'vn peu qu'au commencement de tous les cinq pas, & pource que toutes les fois que durant vne gaillarde on comméce les cinq pas du pied gauche, on est obligé de tourner le corps en dehors, faut que ce ne soit qu'à moitié vers les extremitez, c'est à dire qu'il faut faire tourner beaucoup en dedans & bien peu en dehors tenant les extremitez du lieu, & à fin que la Dame n'incommode celuy auec lequel elle danse, ayant fait vn tour de salle sur les susdits pas, elle doit s'arrester au bout d'ambas, attendant qu'il ait acheué pour faire vne reuerence en presence de la compagnie, & finir d'vne autre deuant celuy qui dansera auec elle.

Ie parlerois d'vne autre sorte de pas qui ont bonne grace estans bien faits par vne Dame, si la negligence qu'on apporte auiourd'huy à danser la Gaillarde ne m'en empeschoit.

Pour clorre donc ce que i'ay entrepris de traitter quand à present sur le suject de ceste Methode, ie conseille à celles qui n'auront pas apris à danser, ou qui pour auoir discótinué ne se souuiennét plus des obseruations requises à la Gaillarde, de s'en aquitter par la promenade d'vn tour de salle au partir des susdites reuerences, comme pratiquent auiourd'huy plusieurs des mieux dansantes. Car celles-là sont fort blasmables qui par timidité ou par desdain, desobligent (par vn ie ne sçay pas danser) ceux qui leur font l'honneur de les en prier, & quoy qu'elles croyent en estre honnestement quittes par telles ou semblables paroles, qui sans doute auroient bonne grace, si elles estoient priées de quelque autre danse, ne laissent pas pourtant en celle-cy où la qualité de leur excuse se change en pur refus d'offenser la courtoisie d'vn Caualier que la honte de se veoir refusé feroit volontiers rougir, s'il n'auoit la grace assez asseuree, ou n'estoit d'humeur propre pour tourner le tout en raillerie.

Ie me suis contenté de traicter seulement de ces danses comme les plus vtiles, lesquelles ie n'ay point voulu enrichir d'vne plus grande diuersité de pas, quoy que ie l'eusse peu. Voire mesmes de ceux que la plume semble trouuer plus difficiles, pource que mon desir ne s'estant qu'à donner grauité, & vne modestie qu'on ne doit point rechercher dans la curiosité & meslange des passages, qui n'ont bonne grace que sous les pieds d'vn baladin. Ioint que ce n'est pas icy qu'vn essay que i'ay resolu faire gouster auant que d'entreprendre d'auantage, & n'attens que l'honneur des commandemens de ceux en faueur de qui ie me donne au public, pour traicter plus au long vn sujet que leurs merites authorisent si dignement, & l'annoblir d'autre

LES DAMES. 69

sorte de danses, tant pour le contentement des plus curieux, que pour le soulagement de ceux qui font profession de les enseigner, & bien que ie face en cela, comme en toute autre chose, vne humble confession de mon insuffisance, si esperay-ie qu'outre que la gloire que ie me suis promise en les obeyssant, me pourroit rendre aysé tout ce que tout le monde pense tenir de l'impossible. Dieu fauorisera mon intention de la grace que ie luy demanderay, qu'il ne refuse iamais aux iustes requestes comme sera la mienne.

FIN.

www.ingramcontent.com/pod-product-compliance
Lightning Source LLC
LaVergne TN
LVHW020954090426
835512LV00009B/1891